바람이고 싶었네

박종길 시집

바람이고
싶었네

한강

시인의 말

시詩라는 어색한 이름으로 낙서들을 집어 들었다.
 그리고 결심을 했다. 나는 글이 아닌 렌즈를 통해 세상을 관조하고 음미해 왔다. 그러나 바르고 정직한 영상 앞이지만 그에 따른 캡션이 필요했다. 그래서 시작한 글편들이 떨어진 낙엽처럼 멋대로 뒹굴고 있어 그것들을 한데 묶어 보려는 심산으로 시작한 일이다.
 어떤 격식이나 조건을 따지지 않고 자유롭게 내 안에 쌓인 이야기들을 문밖으로 내보내게 된 일이다.
 어느 누가 길을 걷다가 떨어진 낙엽처럼 흩어진 이야기들에게 귀 기울일 수 있다면 다행이리라.

2023년 6월에
박종길

박종길 시집　　　　　　　　　　　바람이고 싶었네

□ 시인의 말

제1부 숲속의 아침

사월 어느 날 —— 13
벗에게 —— 14
목탁 소리 —— 15
바람이고 싶었네 —— 17
차 달 —— 19
낙엽의 사연 —— 20
차와 술 —— 21
혼돈의 시간 —— 22
다실에서 —— 23
산행 —— 24
숲속의 아침 —— 25
산책길 —— 26
구름은 흘러가 —— 28
뻘기꽃 무덤 앞에서 —— 29

제2부 풀잎의 생명

춘란 —— 33
백일홍 —— 34

바람이고 싶었네 박종길 시집

35 ── 고매
36 ── 박꽃
38 ── 세엽란
39 ── 홍매
40 ── 동백꽃
41 ── 맥주보리밭
42 ── 고구마꽃
43 ── 국화꽃
44 ── 숲길
45 ── 마지막 잎새
46 ── 숲으로 가면
47 ── 숲속의 언어
48 ── 풀잎의 생명
49 ── 작은 풀꽃에게

제3부 새벽달

53 ── 소낙비
54 ── 장끼
55 ── 방울벌레
56 ── 매미
58 ── 새벽달
59 ── 산비둘기

박종길 시집　　　　　　　　　　　바람이고 싶었네

가뭄 —— 60
고드름 —— 61
빈병 —— 62
가로등 —— 63
산 —— 64
새 —— 65

제4부 그리운 날

고향 집 —— 69
기념사진 —— 70
별에게 —— 71
목련이 필 때 —— 72
친구에게 —— 73
할미꽃 동산 —— 74
소녀의 꿈 —— 75
이별 —— 76
그리운 날 —— 77
기다림 —— 79
친구 —— 80
봄 들 —— 81
홍시와 첫눈 —— 82

바람이고 싶었네　　　　　　　　　박종길 시집

제5부 초당에서

85 ─── 바람에게
87 ─── 세상 인심
88 ─── 파란만장
89 ─── 망상
90 ─── 야누스
91 ─── 초당에서
92 ─── 산수유 마을
93 ─── 낙안읍성
94 ─── 보제루 전시장에서
96 ─── 봉수산 하늘
97 ─── 산사의 밤
98 ─── 목포항
99 ─── 평덕리 마을
100 ─── 용운 스님

숲속의 아침 제1부

사월 어느 날

고개를 들어 보니
계절은 사월四月
그 한나절 꽃바람 젖어 오고
앞산엔 연초록 뭉게구름 피어난다
들에는 바람에 일렁이는 삐비꽃*이
강물처럼 흐르는데
100년 해송 가지 끝엔
산비둘기 섧게 우니
아마도 비가 오려나 보다
아직은 양지가 좋은 봄날
나는 긴 의자에 허리를 펴고 앉아
재촉하는 시간을
잠시 묶어 두고 있다.

※ 삐비꽃: 뻘기꽃의 방언

벗에게

내 나이 불혹不惑을 맞아
차茶를 가까이하였더니
그로 인하여
이순耳順의 문턱을 넘어서야
좋은 다우茶友를 얻었으니
죽로차竹露茶라 할까
송로차松露茶라 할까
참으로 맑고 고결한 인연인 것을
이제 알았나니
벗이여
함께 나누는 한잔의 차로
세상사 모든 시름 털어 버리고
온 마음 가득히
다선일여茶禪一如로 채워 보시게.

목탁 소리

예불 시간인가
조용한 골짜기를 깨우는 소리
숲속 어딘가에 산사가 있는 것일까
아무리 찾아봐도 보이지 않는데
묵혀 둔 세월을 견디며 서 있는
고목나무 사이마다
채워지는 목탁 소리

숲이 적막해서
선禪으로 깨우려는가

이 세상 모든 것은
선으로 보면 모두가 선이요
선으로 듣고 나면 모두가 선인 것을

장삼 대신 붉은 모자 머리에 이고
온몸으로 두드리는 오색딱따구리
가냘픈 머리가 목탁이 되었네

목탁 소리 숲을 잠재우고
허공에 날린 뜻은
마음속 찌꺼길랑 모두 버리고
가슴 가득 선으로 채우라 하네.

바람이고 싶었네

내 일찍이 바람이고 싶었네
영원한 자유와 평온함을 찾아
먼 길 가까운 길 마다 않고
어디든 다닐 수 있는 바람이고 싶었네

어딘가 정처 없이 떠돌아다니다가
꽃잎에 스쳐 가며 속삭이듯
님의 귓가에 조용히 머무를 수 있고
아무도 간섭하지 않고
어디든 지나다닐 수 있는
자유로운 바람이고 싶었네

아무리 높은 산
넓은 강인들 두려움이 있으랴
거침없이 스쳐 갈 수 있는 바람이 되어
이 세상 밝고 어둠을 가리지 않고
훈훈한 입김 되어
조용히 쓰다듬어 줄 수 있는 바람이고 싶었네
그리하여

평생 자유로운 영혼을 간직하고 싶은
나만의 바람이고 싶었네.

차茶 달

밝은 달
찻잔에 잠겼으니
차와 달은
한몸인 것을

차를 마시면
차도 달도
모두 내 몸에 담기니

차와 달과 내가
모두 한몸인 것을.

낙엽의 사연

몇 날을 가뭄으로 지쳐 가는 땅
비가 내릴 기미도 보이지 않는데
가슴 앓던 낙엽 하나가
바람에 구르다가 발밑에 멈췄다

어느 소녀가
책갈피 속에 곱게 간직하다가
자유를 베풀어 주었을까

땀에 배인 온 여름날
가을은 아직 멀기만 한데
의지할 곳 없는 낙엽은
비로소 내 책갈피 속에서
다시 안식을 찾았다.

차와 술

모두들 술을 말할 때
위대하다고 하는데
참으로 모를 일이다
똑같은 술인데
술을 마시면 번뜩이는 눈으로
활력을 얻을 수 있다는데
나에게는 수면제가 되는가

사람들은 차와 술을 벗하며
인생을 달관達觀한다 하는데
나는 차 하나만 벗할 수 있으니
그래서 외로운 것이 아닐까
아니다
차 하나라도 벗할 수 있으니
얼마나 다행한 일인가.

혼돈의 시간

귀뚜라미 울고
코스모스꽃 위로
분주한 고추잠자리 날고 있어
가을인가 했더니
한낮 뙤약볕에
기와지붕은 끓는 듯 열기 가득하고
아직은 먼 잊혀진 계절
가을은 언제쯤 찾아줄 것인가
계절의 주소를 모르는 혼돈 속에
잊혀진 계절 사이로
시간의 편지 속에 적혀진
낯선 사연 하나
오늘 밤도 열대야가 온단다.

다실에서

꽃잎이 눈처럼 날리다가
비에 젖어 땅에 뿌려진 벚꽃 길
작은 우산에 머리만 가린 채
바람에 맞서 저항하다가
끝내 뒤집혀진 우산을 털며 돌아와
빈 다실에서 찻물을 끓인다

오늘따라 진하게 우려진 우전차 한잔
쌉쌀한 맛보다 더 진한
옛 선인들의 정취가 깃든 페이지를 넘기며
흘러간 날들 속에 잠겨갈 때
창문을 두드리는 빗소리가
나를 다시 깨어나게 한다
마저 넘기지 못한 그리움 앞에서.

산행

간밤에 불던 세찬 비바람은
흔적 없이 사라지고
어깨 위에 햇살 쏟아지는
푸른 숲길 그곳에는
연초록 눈부신 초목과
가을처럼 맑은 하늘
싱그러운 바람이
얼굴을 스쳐 가고
숲의 향기에
행복한 사람들
낯선 얼굴 마주할 때도
주고받는 인사로 정겨운 산길
스쳐 가는 얼굴마다
행복한 미소들.

숲속의 아침

연초록 나뭇잎 속살 비치는
아침 햇살 가득한 숲속에는
풀잎에 맺힌 이슬이
찬란한 보석이 되고
일곱 빛 무지개가 피어난다

옅은 안개에 젖어
빛살 뿌려지는 숲속에는
촉촉하고 싱그러운 나무 냄새가
가슴에 채워지고
이름 모를 새들의 지저귐이
연주곡으로 살아난다
긴 호흡으로 숲을 마시고 나면
발길마다 느껴지는
흙의 정겨운 감촉으로
살아 있는 즐거움이 가득히 차오르는
숲속의 이 아침.

산책길

비에 젖은 낙엽들이
땅 위에 떨어져 누워 있는
비 오는 날의 산책길
어디선가 발길 붙잡는
뿌리칠 수 없는 유혹
그것은 은목서銀木犀 향기였다

좁은 오솔길을 걸으면
길가에 심어 둔 은목서 향기가
우산 속에 가득 채워진다
좁쌀 같은 작은 꽃에서
이토록 짙은 향기가
주변을 가득 채울 수 있다니
그래서 천리향이라 하나보다

꽃이 향기로운 것은
존재의 이유이다
사람에게도 향기가 있다면
온 세상이 아름다울 수 있으랴

사람들에게서
은목서 향기처럼
맑고 고운 향기가
온 세상에 널리 퍼졌으면 좋겠다.

구름은 흘러가

푸른 하늘 흘러가는 구름
숲에 누워 하늘을 본다
구름은 제자리에 있는데
물 위에 떠내려가는 낙엽처럼
나도 흐르고 나무도 흘러간다

잠시 후
구름은 어디론가 흘러가 버리고
푸른 하늘만 남아 있을 때
나도 멈추고 나무도 멈춘다

그렇게 흘러가는 것은
나도 아니고 나무도 아니고
세월인 것을 비로소 알 수 있었다.

삘기꽃 무덤 앞에서

평생에 쌓인 한을
버려두고 갔으련만
세상의 시름이 얼마나 깊었기에
아직도 무덤 위엔 백발이 무성하네

뒷산의 뻐꾹새도
예 울던 그 소리 변함이 없고
앞개울 흐르는 물도 그대로인데
잊혀져 간 세월 속에 삘기꽃만 가득하니

망자여 이제는 그만
세상일 털어 버리고
질기고 질긴 인연 모두 끝내고
편안하게 영면하소서.

풀잎의 생명 　제2부

춘란 春蘭

어쩌다 위리안치圍籬安置되었나
가시덤불 틈새에서 홀로 외롭더니
화창한 봄날
먼 하늘을 향한 갈망으로
무릎 앞에 불러들인 푸른 영혼 곁에서도
벌과 입맞춤하는 진한 봄은 기울고
먼 동네 저녁연기 내음
산허리를 맴돌아 가듯
세월은 저만큼 흘러갔어도
아직 떠날 줄 모르고
화선지 속에 말없이 머물러 있구나.

※위리안치: 유배지에서 밖에 나가지 못하도록 집 주변을 가시 울타리로 막아 버림.

백일홍

초옥 작은 방
차 끓여 홀로 마시는데
뜰에 핀 백일홍
찻잔에 잠길 것 같은데
마음이 인색한지
그림자도 보이지 않네
빨갛게 타는 가슴
기억 속에 묻어 두고
무심한 시간만
구름처럼 흘러가네.

고매古梅

섬진강 강바람에 몸을 맡긴
긴 세월 20여 년
밑둥지 잘린 매화나무가
한스러운 고향을 떠나왔다
가지마다 잘린 아픔 견디며
먼 타향에 옮겨 와서
상처뿐인 뿌리 둥지
땅속에 묻혀 슬픔을 달래고 있을 때
굵은 가지는 인간의 욕망대로
다시 잘리고 다듬어졌는데
가지마다 매달린 무심한 꽃봉오리
피지 못한 그 봉오리가 애처로워
한 가지 꺾어다가 수병에 옮겨 놓고
칠 일간의 살핌 속에
하얀 꽃 몇 송이가 미소를 머금었다
작은 내 다실에서 서러운 눈물 감추고
애써 미소 짓는 순백의 청초淸楚함으로
내 다실은
환한 봄을 맞았다.

박꽃

별빛 쏟아지는 밤
한적한 초가지붕 위에는
달빛으로 몸을 씻고
이슬 발라 머리 빗은
박꽃이 피어났다

하얀 소복으로
청순하게 얼굴 숙인
여인네 같은 수줍은 미소
아무도 거들떠보지 않는
어두운 밤에도
쉽게 눈에 띄고 마는
청순한 시름 뒤에는
푸른 빛이 감도는
그리움이 있었다

아무리 감추려 해도
피할 수 없는 달밤
달빛은 박꽃을 붙잡고

차마 이별을 나누지 못하는데
먼 동네 닭울음 소리에
세상은 밝아지고
아직도 비어 있는 가슴에는
다시 시름만 쌓여 가네.

세엽란 細葉蘭

고향을 바꾼 해가
몇 번이나 지났을까
해마다 잎사귀만 세고 있더니
아직은 어깨 너머
냉기 가득한 창틀 옆에서
곱게 차려입은 수줍은 미소로
세엽란은
비로소 마음을 열었다.

홍매

긴 겨울 속에서
옷깃 여미며 침묵하던 네가
따사한 햇볕 아래서
웃음 짓는 모습이 곱기도 하구나
늦은 오후 햇빛이 화사하게 빛날 때쯤
포근함을 취하고 있을 때
속살 내비친
꽃잎에 혼이 빠져
발길 멈추고 눈 맞춤하는
아름다운 유혹.

동백꽃

매운 고추 삼키듯
콧속으로 스며드는 칼바람
그 겨울 속에서도
홀로 속마음 감추며 키워낸
붉고 붉은 가슴 열더니
이삼일도 견디지 못하고
몸을 던져 쌓여 가는
논개의 혼.

맥주보리밭

5월의 들녘에 스쳐 가는 바람은
깃발처럼 나부끼는
소녀의 금빛 긴 머리칼처럼
뜨거운 햇살 아래
바람을 맞이하는 건
오직 일렁이는 맥주보리뿐

농부의 일손을 기다리는
넓은 들판에는
바람 부는 대로 몸을 맡긴
무념의 몸짓으로 오월을 노래하고
늦은 오후까지
아직 남아 있는 햇살은
보리밭을 노랗게 태우고 있었다.

고구마꽃

빗방울 기억도 희미한
메마른 땅 밑에서
어깨조차 펴지 못하다가
끝내 뿌리를 버려두고
꽃으로 생명의 길을 찾았다

메마른 모래땅에서
소박한 고통으로 꽃을 보이고
줄기마다 망각을 담고
바람에 띄워 보낸 꽃이 핀 사연은
그에게도
대물림할 씨앗이 있었다네.

국화꽃

고향이 어디이기에
먼 타향 낯선 곳
비좁은 돌 틈에서 자리를 잡았는지
화강석 테라스 석판 틈새에서
인고의 세월을 견디며
피어나는 작은 꽃
차가운 동면 속에서
호흡조차 아끼고 있는 시간
아무도 찾아 주는 손님도 없는데
홀로 외롭고 긴 겨울을
이겨낼 수 있을까
비좁은 틈새의 작은 국화꽃
오늘도 차가운 돌 틈에서
가냘픈 바람에도 떨고 있구나.

숲길

이른 아침
햇살이 뿌려진 숲길은
연초록 새잎들로 유난히 곱다
개구리 손바닥을 닮은
애기단풍 새잎들이
삐죽이 내다보며
세상을 마시고 있는
숲길 한편에서는
내 안의 나와
말없이 숲길을 동행하고 있는
또 다른 나를 본다
뿌리치며 가려 해도
벗어날 수 없는
손바닥 안의 나를 본다.

마지막 잎새

이른 봄부터
소복으로 단장한
여인네 달빛 같은 웃음 뒤에
연초록 잎새들로
수없는 찬사를 누리던
초록빛 여름날은 기울고
모진 서리 바람에
간신히 지탱한 운명의 시간
마지막 붙잡은 손 놓지 못하는
인연의 끝자락.

숲으로 가면

비 개인 날 아침
새소리 바람 소리 들으며
숲으로 가보자
눈부신 햇살이 빛기둥을 조명하고
싱그러운 바람이
숲을 마시게 한다
아무런 시기도 모함도 없는
숲은 그냥 침묵으로 포옹해 준다
오직 진실과 순리만 존재할 뿐
숲은 순수함 그대로 진리가 있어 좋다
가슴이 답답할 때
숲으로 가보자.

숲속의 언어

이끼 낀 돌과
바람에 스친 나뭇잎 소리도
모두 언어가 있다
실 같은 작은 개울물 소리도
어치 직박구리 까치도
모두 그들의 언어가 있다
숲길 위에 고요가 머물면
발밑에 스치는 풀잎의 소리와
수없이 많은 망령들의 한스러운 원망도
태양빛이 나뭇잎에 쏟아지는 소리까지
영혼 속에 존재한 언어가 있음을 알았다
발길에서 느낄 수 있는 소리
허공에 흩어지는 무수한 소리도
영혼이 맑으면 들을 수 있음을 알았다.

풀잎의 생명

이른 봄 햇살의 무게가
어깨 위로 내려와 앉을 때
묵은 잔디밭 틈새에서
살며시 얼굴 내민 초록빛 생명
혹독한 추위를 밀어내고
겨우내 마음 가다듬는 세상살이

두꺼운 땅껍질 밀어 올린
그 작은 생명의 힘
봄은
우연히 다가오는 것이 아니라
작은 생명들의 외침으로
열리고 있나 보다.

작은 풀꽃에게

넓은 세상 제쳐 두고
하필이면 비좁은 돌담 틈에서
모진 설움 견디며
뿌리를 내렸을까
그래도
세상에 온 보람 찾으려고
여린 꽃을 피우다니
애처롭고 장한 생명의 씨앗
바람에 몸을 실은
다음 생에는
넓고 기름진 옥토에서
아름다운 생을 누려야 할 거야.

새벽달 제3부

소낙비

밤보다 짙은 낮
검은 구름 사이로
번쩍이는 섬광
요란한 천둥소리
그토록 아끼던 빗줄기가
연잎 위에 구슬이 되어
쉴 틈 없이 흘러내린다

장맛비는 흙먼지 날리던
안타까운 사연을
알기라도 했는지 반갑기도 하다만
종일 차를 마시고 있어도
빈 마음 채우지 못하고
멀리 사는 벗이 그리워진다.

장끼

초의선사 초당 앞마당에
장끼 한 마리 내려왔다
잔디밭을 거닐며 두리번거리고
머리에는 빨간 벼슬이
아침 햇살에 살아난다
살생을 금한다는
옛 스님의 고택임을 어찌 알았을까
한참을 그렇게 여유를 누리다가
스님이 아닌 나를 발견하고
요란한 날갯짓 소리를 남겨두고
대밭 너머로 사라진다
내가 스님은 아니지만
해칠 생각은 전혀 없는데
왜 내 마음을 몰라 줄까.

방울벌레

깊은 밤 풀섶에는
방울벌레들의 연주회가 열린다
길을 걷다가 가만히 들어보면
어떤 음향기기도 흉내 낼 수 없는
영혼의 소리
누가 은쟁반에 옥 구르는 소리가
세상에서 가장 아름다운 소리라고 했는가
은방울 금방울 모두 합해도
가슴을 울리는 소리는 아니다
영혼을 울리는 소리는 더욱 아니다

방울벌레 울음소리는
영혼을 깨우는 천상의 소리다
잠 못 이룬 긴 밤
임을 부르는 한 맺힌 소리다.

매미

장맛비가 멈추고
고요함이 머물던 햇살 고운 숲은
매미들에게 점령 당했다
따가운 쇠금속 소리 같은 콩매미 울음소리는
이미 숲은 지배하고
새소리마저 잠들게 하고 말았다

매미들은 그들 조상의 방식대로
수없는 세월을 은둔 속에 살다가
찬란한 고통으로 옷을 벗고 나와
몇 시간을 살자고 목청을 높이고 있다

그래도 세상에 태어난 보람 찾으려고
자연에 맡겨진 운명대로
온 힘을 다하고 있으니
숲의 고요함을 다시 찾으려면

차가운 바람이 불어올 때쯤
그들은 다시

윤회의 먼 길을 떠난 뒤
비로소 숲에는 고요가 다시 찾아올 것이니
기다릴 수밖에.

새벽달

유달산 둘레길
아무도 보이지 않는 밤
가로등도 외로운 듯
밤안개 속에 묻혀 갈 때
손가락바위 끝에
초승달이 걸렸다

밤길 외로워서
잡은 손 놓지 못하며
떠남을 주저할 때
새벽닭 우는 소리로
발길을 재촉하게 한다.

산비둘기

안개 자욱한 야산에서
목놓아 울고 있는 산비둘기가 있었다
가슴속 응어리를 토해 내듯
애끓는 울음소리

옛 어른들이 들려주던 이야기 따라
계집 잃고
자식 잃고
피를 토하며
목놓아 운다는 울음소리
전설로 남아 있는데

오늘도 한을 토해 내듯
가슴으로 울음 우는
산비둘기 울음소리.

가뭄

몇 날을 찌는 듯 잠들지 못한 열기에
목이 마른 대지
바람마저 힘을 잃고
용광로 같은 열기에 땀은 흘러내린다

한줄기 빗방울이 그리운 오후
메말라 고개 숙인 화초에 물을 뿌리고
자꾸만 찌푸린 하늘을 본다

어디선가
때 아닌 우박이 쏟아졌다는 소식
사람도
하늘도
모두 미쳐 가는 세상인가
열릴 듯 닫힌 잿빛 하늘뿐.

고드름

철 가면을 쓴
기사의 번뜩이는 창끝처럼
고드름은 처마 끝에 매달려
긴 여정의 눈물방울을
만들어 내고 있었다
석순 같은 길고 투명한 수정 빛깔
몇 날을 그렇게 매달려
떠남을 주저할 때
비로소 구름 사이에서 빛살이 쏟아져
스스로 길 떠나는 낙빙의 소리는
원래의 고향을 찾아 나선
귀거래사였다.

빈병

파도에 밀려
몸과 몸 부딪히다가
몽돌로 태어난 조약돌 틈에서
에메랄드 빛 선명한 빛깔
그것은 돌이 아닌 빈병이었네
파도에 이리저리 밀려다니는
어느 누구의 입술로
입맞춤하고 버려진
소주병 하나.

가로등

아직은 망각 속에 눈을 감고 있는지
켜지지 않는 가로등
그냥 그 자리에 서 있는데
희미한 조각달 그 위에 걸려
차마 떠나지 못하고 있다

축축한 바닷바람이 얼굴을 스쳐 가고
뱃길마저 사라지고 없는 밤
바다 건너 외로운 풍차 등대는
흐르는 시간만 세고 있구나.

산

앞에 있는 산은
앞산
뒤에 있는 산은
뒷산
찻잔에 잠긴 산은
다산.

새

아직도 빛살이 남아 있는 하얀 오후
노래하던 작은 새는 날아가 버리고
그 새가 앉아 있던 빈 가지에는
아직도 그 노래들이 쌓여 있어
어쩌다 바람이 불면
가지에 쌓여 있는 노래들을 털어낸다
다시 봄이 오고
꽃이 필 때도
노래가 묻어 있는 빈자리는
아직도 그대로 있는데
행여 떠나가 버린 그 새가 돌아올세라
기다리며
기다리며
세월은 그렇게 퇴색되고 있었다.

제4부 그리운 날

고향 집

동지가 지났는데
바깥바람이 살을 에인다
겨울이면 생각나는 시골집 온돌방
듬성듬성 흙을 발라
흙벽 사이마다 새어 나온
구수한 연기 내음

앞마당 외양간에
나이 든 암소 한 마리
하얀 입김 서리가 되는
전설 같은 겨울밤도
옹기종기 발가락 맞닿은
솜이불 밑에
따스한 온기에 녹아들고
호롱불 그림자도 함께 지샌
할머니 얘기로 익어 가는 겨울밤.

기념사진

아이 러브 목포
빨간 하트 모양으로 장식된
목포역 설치대 앞에서 사진을 찍었다
그것도 두 손가락 벌리고
친구 녀석이 날 보고 하는 말이
젊은 애들도 아니고 노인네가 무슨
혼자 중얼댄다
이 사람아
내가 앞으로 살아갈 날 중에서
지금이 가장 젊은 나이 아니던가
왜 그래,
함께 웃었다
내 생애에 있어서
지금이 가장 젊은 순간이니
좋은 생각으로 즐기면서 살자

그런데 잘되지 않는다.

별에게

나의 모든 믿음이었던 아들아
무엇이 그리 바빠서
애비 가슴에 불덩이 심어 놓고
홀로 떠나 별이 되었나
너는 나에게
보람과 행복이란 걸 알게 해 주었는데
이젠 눈물조차 메말라
너무 짧은 인연의 끈을
더 붙잡아 둘 수 없구나

이왕 별이 되었으니
변덕 많은 달 곁에 머물지 말고
변함없는 북극성 곁에 머물며
언제나 내가 바라볼 수 있게 해다오
그리하여
언젠가 나 또한 별이 될 때
그때는 함께 온 우주를 여행하자꾸나
별이 된 내 아들아.

목련이 필 때

해마다 이맘때
목련이 필 때면
가슴앓이를 하던 소녀는
어디서 살고 있을까
아마도 중년이 넘었겠지
해마다 목련은 피고 지는데
지금도 가슴앓이를 하고 있을까
목련이 필 때면
그 소녀가 그리워진다.

친구에게

여보시게 친구
돌아선 사람 가슴에 담고
애통해하지 마시게
가는 사람 있으면
오는 사람도 있는 법
여기까지가
세상의 인연인 것을
빈 가슴 아파한들
무슨 소용이 있겠는가
그래도 내가 살아 있음에
감사해야 하는 것이
하늘에 대한
도리가 아니겠는가.

할미꽃 동산

주홍빛 가슴
속으로만 간직한 채
솜털 뒤집어쓰고
고개 숙인 사연은
가슴에 남아 있는 마지막 말을
차마 하지 못한 한恨 때문일까
어느 날 하얗게 세 버린 백발은
홀씨 되어 바람에 날아갈 운명

함께 살던 정 깊은 고향 언덕은
오늘도 푸르러만 가는데
어디론가 정처 없이 길을 떠나야 할 운명을
아는지 모르는지
옹기종기 모여 사는 동네
할미꽃 동산.

소녀의 꿈

느티나무 속잎이 피어날 때쯤
누군가 다가올 것만 같아
빗자루 들고
옷깃 여미게 하던
길고 지루한 겨울 자락도
모두 쓸어 버리고
묵혀 둔 길을 닦아서
오시는 길 가볍게 하자

어느덧 꽃이 피고
귓가에 벌들이 웅성거리면
꽃송이 모아 목도리 만들어
오시는 님 목에 걸어 드리자.

이별

꽃을 가꾸며
맑은 샘물로 갈증을 풀어 주던 소녀는
어느 날
하얀 옷을 갈아입고
무도장으로 길을 떠났다
그녀는 밤새 파티를 즐기고
지친 몸으로 잠들고 있을 때
나는 간밤에 내려 쌓인
이슬을 털어 내고
쌓아 둔 추억마저 털어 내고 있었다.

그리운 날

문풍지 목이 메인
눈발 날리던 어제를 기억에 두고
이른 아침 여명이 곱더니
한낮 하늘은 가을이었다
물 뿌려 유리창 닦아내듯
맑은 하늘 밑에는
세월에 부대껴
고목이 된 팽나무 가지 위에
까치 한 마리 울어대니
아마도 누군가 찾아오려나

찻잔에 찻물이 식어 가기 전에
어디선가 불쑥 얼굴 내민
떠나갔던 사람이 문 앞에 다가서면
아무 말 없어도
따뜻한 차 한잔 내줄 수 있으련만

나에게도
일없이 기다려지는

그런 사람 있었네.

기다림

흙담 밑 양지쪽에서
집 나간 어미를 기다리며
쪼그리고 앉은 소년은
피다 지친 맨드라미를 닮았다

뙤약볕 이겨낼 때는
그리도 붉더니
간밤에 내린 서리 탓일까
시름이 가득한 채
설움으로 가득 찼네

소년은 언제 본 기억조차 희미한
어미를 그렇게 기다리고 있었다.

친구

내 몸에 병이 들어
두렵고 외로울 때
보살펴 준 고마운 친구 있으니
내 생애 속에서
삶이 헛되지 않았음에
스스로 행복하다
행복할 때 친구는 많아도
불행할 때 친구는 적은 법
불행할 때
내 손 잡아 줄
진실한 한 사람의 친구만 있어도
성공한 사람이라는 말
가슴을 적셔 온다.

봄 들

작은 새들의 울음소리에도
가슴 저민 봄 들 앞에서
나약한 풀꽃은
꺾어질 것 같은 가냘픈 몸매에도
향기가 있을까
코끝으로 맡을 수 없는
짧지만 먼 거리
산골 마을 먼 동네 이야기 같은
침묵만 고요히 흘러가고
바람에 스치는 풀잎의 간드러진
흔들림 앞에서
긴 시간 생각을 잃은 채 서 있다가
부스스 깨어나는 현실의 시간
비로소 들에 홀로 서 있음을 알았네
허망한 꿈 털어낸 맑은 마음으로
다시 길을 나서는 봄 들녘.

홍시와 첫눈

밤새 내린 눈송이를
머리에 이고
시린 바람을 견뎌낸 홍시 위에
아침 햇살이 붉게 물들었다

사람의 손이 미치지 못한 감나무밭
가지마다 매달린 소복한 꿈
어느 이름 모를 미인의 입술에
빨려 갈 운명 속에
기다림마저 서툴고
작은 바람에도 떨며
누구를 기다리는지
찬바람에 지쳐 가는 영혼들.

초당에서 제5부

바람에게

너의 모습은
형체도 빛깔도 알 수 없지만
때로는 간지러운 미풍으로
때로는 시원함으로
세상 사람들을 만나다가도
때로는 성냄으로
온 세상을 바꾸어 놓지만
너의 진정한 모습은
꼭 있어야 할 존재다
이 세상에는 네 모습과 다른
이상한 바람도 있는 것을
너도 알고 있겠지
치맛바람 투기 바람 춤바람
그보다 더 심각한 바람은 정치 바람
못된 바람도 많기에
이 바람들을 모두 쓸어가 버리고
진정한 너만이 존재하는
세상이 되어야 하지 않겠는가
그리하여

세상을 어루만지는 네가 돼야지.

세상 인심

신문과 신문지 사이에
김밥이 말려 있다
김밥은 어느 빌딩 숲 후미진 곳에서
가난한 자가 아닌
배부른 자를 더욱 배부르게 하겠지만
세상살이 몸에 두른
때 묻은 신문지는
또 어디서
한 서린 세상을 마쳐야 하는가
세찬 비바람이
황금빛 꽃송이마저 떨어져 눕게 한
이 나라에서.

파란만장 波瀾萬丈

자고 나면 억하고 토하는 소리
텔레비전을 장식하고 있던 어느 날
손자가 내게 물었다
일억 원이 얼마나 되나요
할아버지는 평생에 만져 본 일이 없어
잘 모르겠지만
아마 파란 만 원짜리가 만 장이 아니겠니
그럼 파란만장이네요
재치 있는 손자 말에 웃고 말았다

가까운 이웃들은
몇억 원은 구경 한번 못하고 사는데
부정한 사람들은 억억하면서
삼키고 토하고 야단이니
나물 먹고 물 마시고
욕심 없이 살라던
옛 선비들 잊혀진 눈물
다시 비가 되어 내리네.

망상
―코로나 시대

거리엔 낯선 사람들
다가설 수 없는
복면의 시대
인정마저 감추고 살아가는
세상 사람들
미소도 사라지고
살벌한 눈빛만 남아 있다
언제쯤일까 알 수 없는
혼돈의 시대
아무도 모르는
또 다른 세상은
잡념으로 채워지고
돌아봐도
돌아봐도
갈 길은 보이지 않는다.

야누스

얼굴 하나
얼굴 둘
어제는 둘 오늘은 셋
야누스는
우리 곁에 살아 있다
어찌된 일인가
빨간색 책갈피를
겨드랑이에 끼고 다니며
속기를 먹고 사는 그는
또 어떤 얼굴로
양심을 노략질하고 있을까.

초당에서

창문을 열면
초가을 햇빛이 길게 누워 있는 마당에
눈이 부신 초록빛 잔디
앞산 너머 푸른빛 먼 하늘이
가슴속으로 빨려와 잠기고
찻잔에는 황금계※ 한잔이 익어 가고 있다
아무도 찾아오는 사람 없어도
멈춰 버린 시간들 사이로
젊은 날의 회상이 되돌아온다.

※황금계: 초의차 주식회사 제품(발효 녹차 이름)

산수유 마을

실개울 물 흐르는 소리
꽃잎 언저리에 속삭이는데
아직 잠에서 깨어나지 못한
가승목假僧木 마른 가지 위에
까치집 대신 구름 한 점 걸렸다
노랑 치마저고리 눈이 부신 미소로
환하게 맞아 준 고운 님 어깨 넘어
속삭임 같은 물소리
꿀벌의 날갯짓 작은 소리에도 귀 기울여지는
햇살 고운 화려한 날을
하오의 긴 그림자를 남겨두고
떠나야만 했던
하늘 아래 황금빛 마을.

낙안읍성

바가지에 가득 담긴 은행알처럼
초가집 맞댄 이마 사이로
저녁연기 피어오르고
퇴색한 노을 밑에 고요가 흐른다
도심의 경적도 요란한 불빛도 없으니
몸도 마음도 허공에 떠 있는 듯
적막감이 젖어 온다

그 옛날 왜적이 침노할 때
힘없는 백성들은 무명띠 둘러메고
새벽닭 울 때까지 돌을 날라 성을 쌓고
마을을 지켰다는데
그 시절 혼백들은 어디론가 사라지고
전설만 남았는데
아직도 맞댄 이마 떼지 못하는 초가집 사이로
골목마다 낯선 사람들 넘친다는데

이 밤은 그 전설마저 덮어 두려는지
어둠은 자꾸만 초가집들을 품어 가고 있다.

보제루普濟樓 전시장에서

문을 열면 천냥차千兩茶 익어 가는 향기
온몸으로 젖어 오는데
문지방을 넘어서면
초의선사艸衣禪師 사계절이 한눈에 열린다
가뭄으로 애타는 이 계절에
봄이 있고 겨울이 있고
사계절이 함께 있으니
계절 잃은 시름을 느낄 수가 없구나

그래도 나뭇잎 가장자리에는
아름다운 새소리가 빗물처럼 떨어지고
접시꽃 붉은 치맛자락 속으로
분주히 드나드는 호박벌 날갯짓이
방황하는 자의 노래가 되어
허공으로 피어오른다

한순간 사계절을 한 몸으로 담고
육신을 머물게 할 작은 다실에서
갈증을 풀게 할 자설차 한산이

아무도 내 곁에 없어도
외로움을 느끼지 못하게 한다.

봉수산 하늘

푸른 하늘 검게 찍힌
흑백 사진처럼
푸르다 못해 검은빛이 감도는
시리디시린 하늘

까치 한 마리 하늘을 날다가
행여 하늘에 부딪히면
깨어질까 두렵다

봉수대 산자락에 자리를 깔고
무명베 한 감 풀어
푸른 하늘에 쪽빛 물들여
고운 님 치마저고리
마련해 줄 수 있다면 좋으련만.

산사의 밤
―대흥사 일지암에서

두륜산頭輪山
휘감아 도는 바람
문살을 스치다가
세파에 여윈 볼을
손길 되어 만져 주네
매어달린 풍경風磬마저
어쩌자고 저리 울어
초당에 누운 나그네를
잠 못 들게 하네.

목포항

만나고 떠나감은 세상일인데
안개 속에 묻힌 항구에서
떠나가는 배는
끊임없이 무적을 울리고

보내는 사람은
가슴을 울리는 뱃고동 소리에
차마 발길 돌리지 못하는
목포항의 이른 아침.

평덕리 마을

알고 있는 사람은
오직 한 사람뿐
모두가 낯선 이른 아침
꿈보다 짙은 안개를 마신다
어찌된 일인가
해가 달이 되고
낮이 밤이 되는
잔칫날 가마솥의 하루처럼
하얗게 피어오르는 안개는
마을 앞 오솔길을 잠재우고 있는데
기다리다
기다리다 서성거리며
그렇게 내 하루는
다 가고 말았네.

용운 스님

봉수산 밑자락
잡초 무성한 황토밭 언덕배기에
쓸고 닦아 차씨를 심고
초의선사 얼을 찾아 터를 가꾸니
차향도 연향도
온 세상에 멀리 퍼져 가네

아무도 눈길 주지 않던 빈터에
이백여 년 옛길 다듬어
다산도 추사도 한자리에서 만나니
사철 다향이 감돌고
만인이 우러르게 되었네

애써 터전 가꾼 보람
향기로 다시 태어나게 하니
후대에 길이 기억될
큰산
큰스님.

바람이고
싶었네

발행 I 2023년 7월 7일
지은이 I 박종길
펴낸이 I 김명덕
펴낸곳 I 한강출판사
홈페이지 I www.mhspace.co.kr
등록 I 1988년 1월 15일(제8-39호)
주소 I 서울특별시 종로구 인사동11길 16, 303호(관훈동)
전화 02) 735-4257, 734-4283   팩스 02) 739-4285

값 11,000원

ISBN 978-89-5794-532-2 04810
　　　978-89-88440-00-1 (세트)

※저자와의 협약에 의해 인지는 생략합니다.
※이 책의 저작권은 저자와 본 출판사에 있습니다.